Ayala

os diez compromisos del éxito

Og Mandino

os diez compromisos del éxito

Og Mandino

EDITORIAL DIANA
MEXICO

1a. Edición, Diciembre del 2000
2a. Impresión, Octubre del 2001

ISBN 968-13-3337-3

Título original: *The Ten Vows of Success*

Traducción: Guadalupe Meza Staines de Gárate
Diseño e ilustraciones de interiores y portada: J. David Chávez H.

Derechos reservados ©

Copyright © 1988 by Og Mandino, *The ten vows of success* first appeared in the work *The great salesman in the world*, Part II. Published by arrangement with Bantam Books, a division of Bantam Doubleday Dell Publishing Group Inc., New York, N.Y./U.S.A.

Copyright ©, 2000, por Editorial Diana, S.A. de C.V.
Roberto Gayol 1219, Colonia del Valle, C.P. 03100,
México, D.F.

Impreso en México - Printed in Mexico

Prohibida la reproducción total o parcial sin autorización por escrito de la casa editora.

Primer compromiso del éxito

Nací para alcanzar el éxito, no para fracasar.

Nací para triunfar, no para inclinar mi cabeza en señal de derrota.

Nací para saborear las victorias y brindar por ellas, no para gemir y lamentarme.

¿Qué es lo que me ha sucedido? ¿En qué momento todos mis sueños se desvanecieron en una grisácea mediocridad, en la cual las personas promedio se aplauden unas a otras como si fuesen seres sobresalientes?

Ninguna persona ha sido jamás tan engañada por otra, como por sí misma. El cobarde está convencido de que sólo está actuando con cautela, y el avaro piensa que está practicando la frugalidad. No hay nada que resulte tan sencillo como engañarse a sí mismo, puesto que siempre es fácil creer lo que queremos.

Nadie, en toda mi vida, me ha engañado tanto como yo me he engañado a mí mismo.

¿Por qué siempre trato de ocultar mis pequeños logros bajo un manto de palabras que toman a la ligera mi trabajo, o que ofrecen disculpas por mi falta de capacidad? Y lo peor de todo es que he llegado a creer en mis propias excusas, a tal grado que gustosamente estoy dispuesto a vender mis días a cambio de unos centavos, mientras me consuelo pensando que las cosas todavía podrían ser peores.

¡Pero ya no lo haré más!

Ha llegado el momento de estudiar el reflejo en mi espejo, hasta que sea capaz de reconocer que el enemigo más poderoso que tengo soy yo mismo. Al fin, en este momento pleno de magia con mi primer pergamino, el velo que me hacía engañarme a mí mismo empieza a apartarse de mis ojos.

Ahora sé que en el mundo hay tres clases de personas. Las primeras aprenden de sus propias experiencias... son las sabias. Las segundas aprenden de la experiencia de los demás... son las felices. Las terceras no aprenden de su propia experiencia ni de la experiencia de los demás... son las necias.

Yo no soy un necio. De aquí en adelante me sostendré sobre mis pies, arrojando para siempre a un lado mis terribles muletas de autocompasión y de desprecio hacia mí mismo.

Nunca jamás volveré a compadecerme ni a menospreciarme.

Qué tonto era cuando me encontraba de pie, desesperado, a un lado del camino, envidiando a la gente de éxi-

to y a los opulentos que desfilaban frente a mí.

¿Acaso todas esas personas se han visto bendecidas con habilidades únicas, rara inteligencia, valor heroico, ambición constante y otras cualidades sobresalientes que yo no poseo? ¿Se les ha asignado un mayor número de horas cada día, durante las cuales puedan desempeñar sus extraordinarias tareas? ¿Poseen tal vez corazones llenos de compasión y almas desbordantes de amor, diferentes a los míos? ¡No! Dios nunca juega a los favoritos. Todos fuimos modelados del mismo barro.

Ahora también sé que la tristeza y los reveses que he padecido en mi vida no los he sufrido únicamente yo. Incluso los más sabios y los triunfadores de nuestro mundo padecen etapas de abrumadora angustia y de fracaso, pero ellos, a diferencia mía, han aprendido que no hay paz sin problemas, descanso sin esfuerzo, risas sin pesadumbres, ni victorias sin luchas y que ese es el precio que todos debemos pagar por vivir. Hubo una época en la cual yo pagué ese precio fácilmente y de buen grado, pero las constantes decepciones y derrotas primero desgastaron mi confianza y después mi valor, en la misma forma en que las gotas de agua, con el tiempo, destruyen el granito más resistente. Ahora todo eso ha quedado atrás de mí. Ya no soy uno de esos muertos en vida que permanecen siempre bajo la sombra de los demás y ocultándose detrás de lamentables excusas y disculpas, mientras los años se consumen.

Nunca jamás volveré a compadecerme ni a menospreciarme.

Ahora sé que la paciencia y el tiempo pueden lograr todavía más que la fuerza y la pasión. Los años de frustración ya están listos para cosecharse. Todo lo que he podido lograr, y todo lo que espero lograr, lo he podido hacer, y lo seguiré haciendo, mediante ese proceso asiduo, paciente y perseverante gracias al cual se construye un hormiguero, partícula por partícula, pensamiento por pensamiento, paso a paso.

El éxito, cuando llega de la noche a la mañana, a menudo desaparece al rayar el alba. Ahora estoy preparado para vivir toda una vida de felicidad, porque al fin he reconocido un poderoso secreto que permaneció oculto durante esos años que me trataron con tanta dureza. En cierto sentido, el fracaso es el camino que conduce al éxito, en la misma forma en que todo descubrimiento que hacemos de lo que es falso nos lleva a buscar con afán lo que es verdadero, y en que cada nueva experiencia nos señala alguna forma de error que en lo sucesivo evitaremos con sumo cuidado. El sendero que recorrí, a menudo humedecido con mis lágrimas, no ha sido una jornada desperdiciada.

Nunca jamás volveré a compadecerme ni a menospreciarme.

Te doy gracias, Dios mío, por jugar tu juego conmigo el día de hoy y por depositar en mis manos estos valiosos pergaminos. Me encontraba en el momento del reflujo de mi vida, pero debí saber que en ese momento mismo es cuando siempre cambia la marea.

Ya no contemplaré con tristeza hacia el pasado. Jamás volverá. En vez de ello, con ayuda de los pergaminos, modelaré el presente porque me pertenece, y seguiré adelante para salirle al encuentro al misterioso futuro, sin temor, sin dudas y sin desesperación.

Fui creado a imagen de Dios. No hay nada que no pueda lograr si lo intento.

Nunca jamás volveré a compadecerme ni a menospreciarme.

Segundo compromiso del éxito

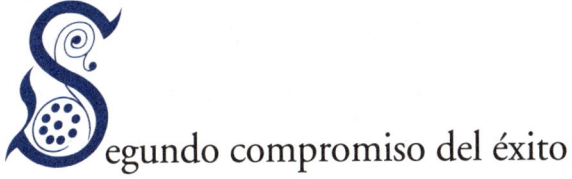

Ya soy una persona diferente y mejor.

Apenas han transcurrido unos cuantos días desde que inicié una nueva existencia con la ayuda de estos pergaminos, pero ahora experimento una extraña y poderosa emoción en lo más profundo de mi corazón, un sentimiento de una nueva esperanza que casi había desaparecido con el paso de los años.

Al fin he sido rescatado de mi lecho de desesperación y doy las gracias por ello. Con las palabras de la primera promesa del éxito aún frescas en mis labios, ya he multiplicado mi propia valía ante mis ojos y tengo la seguridad de que este nuevo avalúo de mi persona, con el tiempo será adoptado por el mundo exterior.

Ahora conozco una gran verdad. La única etiqueta de precio válida es la que nos asignamos nosotros mismos.

Si nos ponemos un precio demasiado bajo, el mundo lo aceptará; pero si nos asignamos el mejor precio, el mundo también aceptará de buen grado ese avalúo.

Te doy gracias, Dios mío, por depositar en mis manos estos valiosos pergaminos. Me encuentro en un momento crucial en mi vida y no debo alejarme, ni lo haré, de este desafío, como me he alejado de tantos otros en el pasado. Ahora sé que en la peregrinación de todos, a lo largo de esta vida, siempre hay lugares sagrados en donde podemos sentirnos afines con lo divino; en donde los cielos parecen descender sobre nuestras cabezas y los ángeles llegan a auxiliarnos. Son los lugares de sacrificio, las áreas en donde se unen lo mortal y lo inmortal, las tiendas del juicio en donde se libran las grandes batallas de nuestra propia vida. Mis derrotas del pasado ya están casi olvidadas, incluso el dolor y la abrumadora angustia. Y seré muy feliz en los años por venir si logro mirar hacia atrás recordando este momento tan especial, a sabiendas de que aquí pude saborear al fin la victoria.

Pero antes que nada debo aprender la segunda promesa de éxito y ponerla en práctica:

Nunca jamás volveré a saludar al amanecer sin una meta.

En el pasado, el hecho de tener metas, ya fuesen grandes o pequeñas, me parecía que no era otra cosa que una tonta práctica, puesto que tenía tan poca fe en mis capacidades. ¿Para qué tener metas pequeñas e insignificantes, me decía a mí mismo, simplemente para satisfacer mis humildes talentos? ¿Qué diferencia podía significar todo eso en el esquema de las cosas? Y así, cada día salía sin rumbo por el mundo, sin timón y sin destino fijo, con la esperanza de sobrevivir hasta la hora de la puesta del sol, asegurándome, falsamente, a mí mismo que sólo esperaba el momento adecuado, o que cambiara mi suerte, sin creer, no obstante, ni por un momento, que algo en mi futuro sería diferente de lo que había sido en mi pasado.

Es fácil ir a la deriva de un día a otro. No se requiere ninguna habilidad, ningún esfuerzo y ningún dolor. Por otra parte, nunca es fácil fijarse metas para un día o para una semana, y alcanzar esos objetivos. Mañana comenzaré, me decía un día tras otro. En aquel entonces no sabía que el mañana sólo se encuentra en los calendarios de los tontos. Ciego ante mis propias faltas, desperdiciaba mi vida deliberando en no sé qué cosa y habría seguido posponiéndolo todo hasta que ya fuese demasiado tarde, de no ser por estos pergaminos. Hay una inconmensurable distancia entre tarde y demasiado tarde.

Nunca jamás volveré a saludar al amanecer sin una meta.

He estado viviendo en el callejón de los tontos. Tener siempre la intención de llevar una mejor vida nueva, pero sin jamás encontrar el tiempo para dedicarse a ello, es como si pospusiera la comida, la bebida y el sueño de un día para el siguiente, hasta morir. Durante muchos años estuve convencido, lo mismo que tantos otros, de que las únicas metas que valían la pena eran las principescas metas con abundantes recompensas en oro, fama y poder. ¡Qué equivocado estaba! Ahora sé que el hombre sabio nunca se fija metas de inmensas proporciones. A todos los planes de gigantesca magnitud los califica de sueños, abrigándolos muy cerca de su corazón en donde los demás no puedan verlos y mofarse de ellos. Después saluda cada amanecer fijándose metas sólo para ese día, asegurándose de que todo lo que planeó haya quedado terminado antes de irse a dormir. Muy pronto, los logros de cada día se van reuniendo, uno encima de otro, en la misma forma en que la hormiga amontona sus granos de arena y con el tiempo se ha erigido un castillo lo bastante grande para albergar cualquier sueño. En verdad, todo esto no será difícil de lograr una vez que haya frenado mi impaciencia, enfrentándome a la vida un día a la vez. Puedo hacerlo. Lo haré.

Nunca jamás volveré a saludar al amanecer sin una meta.

Se ha ganado la mitad de la victoria del éxito una vez que se ha adquirido el hábito de fijarse metas y alcanzarlas. Incluso la labor más tediosa se hace soportable si marcho a lo largo de cada día convencido de que cada tarea, no importa lo humilde o tediosa que sea, me acerca varios pasos a la realización de mis sueños. ¡Qué forma tan agradable de seguir adelante con mi vida!, ya que si la mañana no me ofreciera ninguna nueva alegría, a medida que cumplo con las metas que me he fijado para ese día, o si la noche no me brindara nuevos placeres por cumplir con mis metas, ni siquiera valdría la pena vestirme y desvestirme. La vida, ahora estoy convencido de ello, puede ser tan gozosa como un juego de niños cuando despertamos con la esperanza de que nos aguarda una senda marcada con toda claridad.

Ahora ya sé en qué punto me encuentro.

Y también sé hacia dónde quiero que me conduzcan mis metas.

Para ir de aquí hacia allá, no necesito conocer todos los giros y recodos de mi viaje en este preciso momento. Lo más importante es que he adoptado las enseñanzas del primer pergamino y del segundo, y que ahora ya no miraré hacia atrás en dirección a ese desconsolador pasado, cuando los días no tenían principio ni fin y yo me encontraba perdido en medio de un desierto de frivolidad, sin esperar nada en el futuro, como no fuesen la muerte y el fracaso.

¡Mañana me fijaré metas! ¡Y al día siguiente! ¡Y también al siguiente!

Nunca jamás volveré a saludar al amanecer sin una meta.

Alguna vez malbaraté mi vida, cambiándola por un centavo y la vida no quiso pagarme más, pero ahora ya han terminado los días en que trabajaba por el salario de un esclavo. Ahora sé que cualquier salario que le hubiese exigido a la vida, me lo habría pagado de muy buen grado.

Los rayos del sol no brillan por encima de mi cabeza para que yo pueda reflexionar con tristeza en el ayer. El pasado ha quedado sepultado y yo estuve a punto de permitir que me sepultaran junto a él. Ya no derramaré más lágrimas. Que los rayos del sol puedan brillar sobre las promesas del mañana... y sobre mi cabeza.

Nunca jamás volveré a saludar al amanecer sin una meta.

Tercer compromiso del éxito

Estoy despierto.

Me siento invadido de una gozosa anticipación.

Ahora experimento extraños murmullos en mi corazón al recibir cada nuevo día con alegría y confianza, en vez de hacerlo con autocompasión y temor.

Aquel que padece, recuerda. Jamás repetiré los fracasos y los vanos errores del pasado, ahora que cuento con estos pergaminos para servirme de guía.

Cada día me aventuraré a salir al mundo acompañado por tres nuevos aliados muy poderosos: la confianza, el orgullo y el entusiasmo. Tengo confianza en que lograré enfrentarme a cualquier desafío, el orgullo me exige que me desempeñe al máximo de mis capacidades y lograré todo esto porque he redescubierto ese poder tan especial que faltaba en mi vida desde mi infancia: el poder del entusiasmo.

Cada acto memorable en la historia del mundo es un triunfo del entusiasmo. Jamás se ha logrado nada grandioso sin él, porque le brinda un nuevo significado a cualquier desafío o a cualquier ocupación, no importa lo atemorizantes o lo difíciles que sean. Sin entusiasmo, estoy condenado a una vida de mediocridad, pero con él podré obrar milagros.

Hay un nuevo significado en mi existencia. El fracaso ya no es mi constante compañero. La nada, el aislamiento, la impotencia, la tristeza, las vejaciones y la desesperación del pasado se han desvanecido desde aquel día, no hace mucho tiempo, en que recordé cómo sonreír. Ya otros han empezado a reflejar mis sonrisas y mi solicitud. Comparto con alegría la luz del amor y la felicidad.

Siempre bañaré mis días en el dorado resplandor del entusiasmo.

El entusiasmo es la mayor ventaja del mundo. Su valor potencial supera con mucho al del dinero, el poder y la influencia. Sin ayuda de nadie, el entusiasta convence y domina en donde las riquezas acumuladas por un pequeño ejército de trabajadores apenas provocarían un estremecimiento de interés. El entusiasmo pasa por encima del prejuicio y la oposición, desdeña la inactividad, toma por asalto la ciudadela de su objetivo y lo mismo que una avalancha, aplasta y absorbe todos los obstáculos que encuentra en su camino. He aprendido una gran lección... ¡el entusiasmo es mi fe en acción! Si tengo fe, no puedo fallar.

Siempre bañaré mis días en el dorado resplandor del entusiasmo.

Algunos de nosotros nos mostramos entusiastas en ocasiones y unos cuantos incluso conservan sus anhelos durante un día o una semana. Todo eso es muy bueno, pero yo debo desarrollar el hábito, y lo haré, de conservar mi entusiasmo indefinidamente, con toda honestidad y sinceridad, de manera que el éxito que disfruto hoy pueda repetirse mañana y la próxima semana y el próximo mes. El entusiasmo, el amor por cualquier cosa que esté haciendo en un momento determinado, obra en formas maravillosas que ni siquiera necesito comprender, pero lo que sí sé es que les brindará una vitalidad adicional a mis múscu-

los y a mi mente. Primero debemos desarrollar nuestros hábitos y después, buenos o malos, éstos nos formarán a nosotros. El entusiasmo será el carruaje que me conducirá hacia una vida mejor. Ya he empezado a sonreír, anticipando todas las cosas buenas que vendrán.

Siempre bañaré mis días en el dorado resplandor del entusiasmo.

El entusiasmo puede desplazar castillos y cautivar a las bestias. Es el genio de la sinceridad, y la verdad muy rara vez resulta victoriosa sin él. Lo mismo que muchos más, he permitido que mi vida se guíe de acuerdo con falsas ideas de las verdaderas recompensas, en la creencia de que la comodidad y el lujo deben ser mis metas, cuando todo lo que en verdad necesitamos cualquiera de nosotros para sentirnos realmente felices es algo con qué entusiasmarnos. El entusiasmo beneficiará mi futuro más de lo que las lluvias de primavera nutren al trigo.

De ahora en adelante todos mis días serán diferentes de los días del pasado. Jamás volveré a considerar que cualquier cosa que deba hacer para sostener mi existencia es trabajo, ya que entonces experimentaré la tensión de la necesidad al realizarlo y las horas de cada día durarán lo que parece una eternidad. Permítanme, más bien, olvidarme de que debo trabajar para comer, abordando los afanes de cada día con toda mi energía, mi atención y con un espíritu animoso. Con estas cualidades me desempeñaré mejor que nunca antes y si esta producción entusiasta se prolonga, día tras día, estoy seguro de que llegaré a ser más valioso para mí mismo y para el mundo.

No hay ninguna persona, ninguna ocupación o ningún problema que no puedan verse afectados por lo positivo de mi actitud.

Siempre bañaré mis días en el dorado resplandor del entusiasmo.

Bajo ese deslumbrante resplandor podré ver, por vez primera, todas las cosas buenas que permanecieron ocultas a mis ojos durante todos esos años de inutilidad. Así como el joven amante posee una percepción más refinada y en el objeto de su afecto puede ver cientos de virtudes y encantos invisibles a los ojos de los demás, así yo, impregnado de entusiasmo, habré incrementado mi poder de percepción y amplificado mi visión, hasta que logre ver la belleza y el encanto que los demás no pueden discernir y que pueden ser la compensación por las pesadas cargas de trabajo monótono, privaciones, penurias e incluso por la persecución. Con entusiasmo puedo sacarle el mejor partido a cualquier situación, e incluso si llegase a tropezar de vez en cuando, como les sucede hasta a los más talentosos, me levantaré y seguiré adelante con mi vida.

Siempre bañaré mis días en el dorado resplandor del entusiasmo.

¡Qué inmenso regocijo experimento al saber que poseo este gran poder de modificar mis días y toda mi vida con mi actitud! ¡Qué pena me dan todas esas legiones que no saben que pueden emplear esta poderosa fuerza, una fuerza que ya poseen en su interior, para guiar su futuro!

Le volveré la espalda al calendario y adoptaré el irresistible encanto de la juventud, con su entusiasmo que burbujea como un manantial de aguas que baja de la montaña. La juventud no ve la oscuridad más adelante, no ve ninguna trampa de la cual no sea posible escapar. Se olvida de que en el mundo existe el fracaso y cree que la humanidad ha estado esperando, durante todos estos siglos, a que él o ella lleguen al mundo para convertirse en los libertadores de la verdad, la energía y la belleza.

El día de hoy alzaré mi antorcha y les sonreiré a todos.

Siempre bañaré mis días en el dorado resplandor del entusiasmo.

Cuarto compromiso del éxito

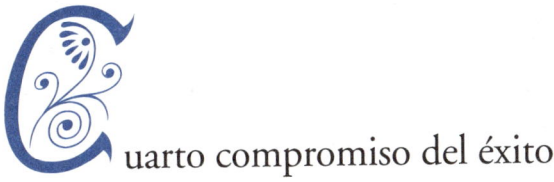

Soy poseedor de un maravilloso poder.

Conozco el secreto de cómo influir en los pensamientos y en las acciones de los demás cuando se encuentran a mi lado.

Este conocimiento solo, si se emplea sabiamente, ha permitido que un sinnúmero de individuos ambiciosos se remonten a las grandes alturas de la fama, la riqueza y el poder a todo lo largo de los tiempos.

Desafortunadamente, sólo unos cuantos están conscientes de que poseen un poder de esta naturaleza, mientras que la inmensa mayoría ha pagado un precio terrible, en angustia y desdicha, por su ignorancia. Han perdido amigos, se les han cerrado las puertas, se han desvanecido sus oportunidades y sus sueños se han visto destruidos.

Hasta ahora he sido uno de los miembros de esa inmensa mayoría, destruyendo constantemente mis oportunidades para alcanzar el éxito y la felicidad, porque neciamente abusé de un poder que ni siquiera sabía que poseía.

Gracias a este pergamino he abierto los ojos. El secreto es tan sencillo que incluso todos los niños lo comprenden y lo usan instintivamente en su propio beneficio. Podemos influir en los demás si los tratamos en la misma forma en que nos gustaría que nos trataran a nosotros. Todos somos imágenes de los demás, con los mismos sentidos, los mismos sentimientos, las mismas esperanzas, los mismos temores, los mismos errores y la misma sangre. Si alguien tiene comezón, su vecino se rasca; si alguien sonríe, su amigo le responde de la misma manera.

¡Qué ignorante he sido! Sé que el éxito no puede lograrse por sí solo. Sé que no existe un hombre o una mujer que se haya formado por esfuerzo propio. Por consiguiente, me doy cuenta de que jamás podré alcanzar mis metas sin la ayuda de los demás, sin embargo, puedo ver, cuando reflexiono en mi pasado, que mis acciones me han tenido prisionero detrás de las rejas del remordimiento.

¿Por qué querría alguien contribuir a mis éxitos?

Siempre que fruncía el entrecejo, me encontraba a mi vez frente a un entrecejo fruncido.

Siempre que gritaba encolerizado, me respondían voces encolerizadas.

Siempre que me quejaba, me dirigían miradas severas.

Siempre que maldecía, el odio me devolvía la mirada.

Mis propias acciones me condenaban al mundo en donde nadie sonríe jamás, al mundo de los fracasados. Neciamente he culpado a los demás de mi difícil situación, pero ahora veo que la culpa era mía.

Al fin he abierto los ojos.

Prometo cumplir durante el resto de mi vida esta promesa especial del éxito:

Nunca jamás volveré a ser descortés con ningún ser viviente.

Les sonreiré a mis amigos y enemigos por igual y haré todos los esfuerzos posibles por encontrar en cualquier persona una cualidad que pueda alabar, ahora que al fin he comprendido que el anhelo más profundo de la naturaleza humana es el ansia de ser apreciada. En verdad, todos poseemos características dignas de alabanza, y todo lo que necesito es asegurarme de hacer esos cumplidos desde lo más profundo de mi corazón y con una voz que sea sincera.

Alabar, sonreír y preocuparse por los demás es algo tan benéfico para el donador como para el que recibe esos favores. Este gran poder que afecta con tanta fuerza a los demás obrará milagros en mi vida, a medida que su gratitud regrese a mí en incontables formas. Una sonrisa sigue siendo el regalo menos costoso de todos los que puedo hacerle a cualquier persona, no obstante, su poder puede conquistar reinos.

Y todos aquellos a quienes traté con amabilidad, dirigiéndoles palabras de alabanza, muy pronto empezarán a ver en mí las buenas cualidades que nunca antes percibieron.

Nunca jamás volveré a ser descortés con ningún ser viviente.

Mis días de lamentaciones y quejas han tocado a su fin. No se requiere ningún talento, ningún renunciamiento, ningún carácter para establecerse en el negocio de las quejas. Ahora ya no dispongo de tiempo para dedicarme a esa lamentable ocupación, que todo lo que podía lograr era manchar mi personalidad de manera que ya nadie quisiera asociarse conmigo. Esa era mi antigua vida. Ya no volverá a serlo.

Estoy muy agradecido por esta segunda oportunidad.

He desperdiciado muchos años de oportunidades con mis enojos, mis malos humores y mis miradas de ira, cuando una sonrisa y una palabra amable habrían abierto tantas puertas y ablandado tantos corazones que habrían tendido la mano para ayudarme. Apenas ahora estoy aprendiendo el máximo arte de la vida… mejorar el momento dorado de la oportunidad y aprovechar todo lo bueno que está a nuestro alcance.

Nunca jamás volveré a ser descortés con ningún ser viviente.

En última instancia, una sonrisa y un apretón de manos son un simple acto de amor. La vida, ahora lo sé, no se compone de grandes sacrificios u obligaciones, sino de todas esas pequeñas cosas en las cuales las sonrisas, las bondades y los pequeños deberes, que se brindan en cualquier momento y dondequiera que sea posible hacerlo, son los que ganan y conservan cualquier corazón. Los mejores fragmentos de la propia vida son los pequeños actos de consideración y solicitud. Las palabras bondadosas producen su propia imagen en el alma de los hombres y ¡vaya si es una imagen muy bella! Tranquilizan, calman y consuelan a quien las escucha, haciéndolo desistir de sus sentimientos amargos, displicentes y poco amables. Todavía no he empezado a emplear las palabras amables con tanta abundancia como debería hacerlo, pero estoy seguro de que mejoraré si sigo practicando. ¿Quién sería tan tonto para no intentarlo, cuando en el otro lado de la balanza se encuentra la propia felicidad?

Nunca jamás volveré a ser descortés con ningún ser viviente.

Puedo darme cuenta de que en la interacción de la vida cotidiana, sólo a través de los insignificantes actos de bondad que se repiten cada día e incluso cada hora, por medio de palabras, tonos de voz, gestos y miradas, se ganan y se conservan el afecto y la admiración. ¡Qué fácil le resulta a un ser benévolo esparcir el placer a su alrededor y qué cierto es que un corazón benévolo es una fuente de alegría, haciendo que todos a su alrededor dejen ver radiantes sonrisas! Cada noche, cuando me retiro, ruego pidiendo que haya hecho por lo menos a un ser humano un poco más feliz o un poco más sabio, o por lo menos un poco más satisfecho consigo mismo.

¿Cómo puedo fallar, desde este momento en adelante, si mantengo la promesa que he hecho en este pergamino, de tal manera que el aire que respire en el futuro pueda resplandecer de amor y de buenos deseos?

Nunca jamás volveré a ser descortés con ningún ser viviente.

Quinto compromiso del éxito

El sol no siempre brilla.

Las uvas no siempre están maduras.

Los sepultureros no siempre están ociosos y no siempre reina la paz.

Ahora, lamentablemente, reconozco otra verdad. A pesar de que ya he saboreado el embriagador vino del éxito, gracias a estos pergaminos, sé que no puedo esperar que durante el resto de mis días caminaré sobre las cimas de las montañas. No importa lo mucho que lo intente, lo mucho que persista y sobresalga en el trabajo que he elegido, aún así habrá días y semanas y meses en que todo lo que intente dé por resultado frustraciones y fracasos. Todos nosotros, incluso los más poderosos y heroicos, pasamos muchos de nuestros días viviendo con el temor al fracaso. ¿Poseemos sacos de oro y piedras preciosas? No son suficientes; otros tienen más. ¿Nos sentimos protegidos y a salvo? ¿A salvo de qué? ¿De las enfermedades? ¿Del desempleo? ¿De los robos? ¿Tenemos muchos amigos y una familia que nos amen? ¿Podremos confiar siempre en la amistad? ¿Perdurará el amor de los demás hacia nosotros?

El temor a la adversidad, que conduce al fracaso, proyecta una terrible sombra sobre todos los días de nuestra vida. Su forma y sus colores son muy variados, imaginarios y reales, confundidos y claros, temporales y permanentes. La adversidad aterroriza al trabajador que lucha por conservar su trabajo, al padre que reza porque pueda alimentar a su familia, al comerciante que espera vender su mercancía, al soldado que guía a otros a la batalla. Tortura a todos por igual, a príncipes y mendigos, a sabios y necios, a santos y criminales. Antes no sabía cómo enfrentarme a la realidad, y las heridas que recibía de mis derrotas eran lo bastante severas para nublar mis esperanzas y destruir mi ambición. ¡Pero ahora ya no será así! Esta es una nueva vida, ahora ya conozco el secreto de sacar mejor partido de mis derrotas siempre que caigan sobre mí.

Siempre buscaré la semilla del triunfo en todas las adversidades.

No hay mejor escuela que la adversidad. Toda derrota, toda angustia, toda pérdida, contiene su propia semilla, su propia lección sobre la forma de mejorar mi desempeño la próxima vez. Jamás volveré a contribuir a mi propia caída, rehusándome a enfrentarme a la verdad y a aprender de mis pasados errores. La experiencia es el más valioso extracto del sufrimiento y, no obstante, una de las condiciones más terribles de esta vida es que no es posible transferir su sabiduría a los demás. Todos deben asistir a su propia escuela, y las lecciones siempre son diferentes para cada persona. No hay otra forma. Sin embargo, la adversidad siempre es el primer sendero que conduce hacia la verdad, y yo estoy preparado para aprender cualquier cosa que necesite saber con objeto de mejorar la condición de mi vida.

Siempre buscaré la semilla del triunfo en todas las adversidades.

Ahora estoy mejor preparado para enfrentarme a cualquier adversidad. Por vez primera me doy cuenta de lo veloz que pasan y dejan de ser todos los hechos y acontecimientos, buenos y malos, grandes y pequeños. Todas

las cosas de la vida no sólo se encuentran en un constante estado de cambio, sino que, además, son la causa de un cambio constante e infinito unas en otras.

Cada día me encuentro parado en un angosto reborde. Detrás de mí se encuentra el insondable abismo del pasado. Frente a mí está el futuro, que devorará todo lo que me acontezca el día de hoy. No importa lo que el destino me depare, sé que lo saborearé o lo sufriré sólo durante un tiempo muy breve. Son tan pocos los que comprenden esta verdad tan obvia, mientras que el resto permite que sus esperanzas y sus metas se desvanezcan tan pronto como los hiere la tragedia. Esas desafortunadas personas llevan consigo, hasta que mueren, su propio lecho de espinas y todos los días miran hacia los demás en busca de simpatía y atención.

La adversidad jamás destruirá a la persona que tiene valor y fe. A todos nos someten a una prueba en el horno del desastre y no todos salimos de él. Yo sí lograré salir. El oro puede permanecer un mes sobre ardientes carbones sin perder un solo grano, y yo soy más valioso que cualquier oro.

Todas las cosas pasarán.

Siempre buscaré la semilla del triunfo en todas las adversidades.

Ahora puedo ver que la adversidad tiene muchos beneficios muy poco reconocidos. Es la única balanza en la cual puedo pesar a todos aquellos que profesan ser mis amigos, y enterarme de la verdad. También es el estado en el cual puedo familiarizarme con mayor facilidad con mi yo interno y posee la maravillosa capacidad de sacar a relucir los talentos que hay en mí, los cuales en circunstancias prósperas es probable que hubiesen permanecido inactivos.

La adversidad nos acompaña desde que nacemos hasta nuestra sepultura. La gema no puede pulirse sin tallarla y yo no puedo perfeccionarme sin pruebas. Reconozco que me ha hecho bien sentirme tostado por el calor y empapado por la lluvia de la vida, no obstante, debo confesar que todas las adversidades que he sufrido han ido seguidas de mis gritos de cólera y resentimiento contra el cielo. ¿Por qué Dios tenía que hacerme algo tan terrible? ¿Por qué Dios me privó de una cosa u otra, cuando era tan importante para mí?

Ahora sé que no hay otras épocas en la vida en las que las oportunidades, las probabilidades de ser y de hacer, se reúnan con tanta abundancia alrededor de mi espíritu como cuando tengo que sufrir una cruel adversidad. Entonces, todo depende de si levanto la cabeza o la bajo pidiendo ayuda. Si recurro a simples recursos y trucos, la oportunidad se habrá perdido para siempre y yo no resultaré más rico ni más grande, más bien quizá más duro, más pobre y más pequeño por mi dolor. Pero si me vuelvo hacia Dios, y lo haré de aquí en adelante, cualquier momento de adversidad puede transformarse en un triunfante punto crucial de mi vida.

Siempre buscaré la semilla del triunfo en todas las adversidades.

En el futuro, cuando me derribe cualquier terrible derrota, siempre me preguntaré, una vez que haya pasado el primer dolor, cómo puedo convertir esa adversidad en algo bueno. ¡Qué gran oportunidad podría ofrecerme ese momento... tomar la raíz amarga que estoy sosteniendo y transformarla en un fragante jardín de flores!

Siempre buscaré la semilla del triunfo en todas las adversidades.

Sexto compromiso del éxito

Me he engañado a mí mismo durante demasiado tiempo.

He alabado con insinceridad a todos aquellos que me han empleado y he escatimado cada hora de lo que yo consideraba que era un trabajo pesado y tedioso. Para mí, el trabajo era el lamentable precio que tenía que pagar para existir, porque en el momento de mi nacimiento los dioses no tuvieron a bien depositar oro en mis manos y una corona sobre mi cabeza. ¡Qué necio he sido! Ahora sé que el fruto derivado del trabajo es el más dulce de todos los placeres y que aun cuando el genio quizá inicie grandes obras, sólo el trabajo las terminará.

Al fin he abierto los ojos gracias a estos pergaminos.

¡Qué sencillo sería mi trabajo si yo dedicara tanto esfuerzo a mejorar su calidad como el que he dedicado a encontrar excusas para no hacerlo en la forma adecuada!

Hay un grandioso secreto del éxito que empequeñece a todas las demás reglas. Con toda certeza será incluido en todas y cada una de las listas de afirmaciones sobre la creación de una vida mejor durante los siglos y los milenios por venir, no obstante, la mayoría de la humanidad la rechazará, una y otra vez, como algo demasiado difícil. La riqueza, la posición, la fama e incluso la esquiva felicidad serán mías, a la larga, si cada día me decido a prestar más y mejores servicios de los que me pagan. Hay otra forma más poderosa de recordar esta ley tan difícil de la vida: cuando nos pidan que avancemos un kilómetro, debemos estar dispuestos a avanzar dos. Dentro de muchos siglos, lo mismo que ahora, sólo unos cuantos tendrán la determinación necesaria para seguir este gran secreto de los triunfadores y ellos serán los que reciban los honores.

¡Yo empiezo el día de hoy!

Nunca jamás volveré a desempeñar ninguna tarea si no es en la mejor forma en que pueda hacerlo.

Ahora sé que a fin de crecer y florecer debo atender estrictamente mis asuntos y adelantarme un poco al tiempo. Aquellos que llegan a la cima son los que no se contentan con hacer sólo lo que se les exige. Hacen algo más. Avanzan otro kilómetro y otro más. Jamás cruza por su mente la medida de su recompensa. Saben que a la larga la recibirán.

Sólo hay un método seguro para alcanzar las metas y es mediante el trabajo arduo, tanto mental como físico. Si no estoy dispuesto a pagar ese precio para sobresalir deberé estar preparado para resignarme a un futuro de lágrimas y de pobreza, golpeándome el pecho y compadeciéndome por lo vano de una vida desprovista de sonrisas y de recompensas. Ya no siento lástima de mí mismo. Me he apartado de ese camino que no conduce a ninguna parte.

Nunca jamás volveré a desempeñar ninguna tarea si no es en la mejor forma en que pueda hacerlo.

No estoy encadenado a mi trabajo; no soy un esclavo. Incluso si detesto las tareas que debo desempeñar, comprendo que el trabajo fatigoso es necesario para que salgan a relucir los tesoros de mi mente, a fin de mejorar mi suerte, como también son necesarios el trabajo de la tierra y la siembra para producir resultados para todos aquellos que la cultivan. Yo puedo desarrollarme más allá de cualquier tarea que me asignen ahora, siempre y cuando nunca me olvide de que soy hijo de Dios y nací para triunfar.

Cualquiera que sea mi trabajo, permítanme desempeñarlo con amor y así no fracasaré.

Mi parte del trabajo de este día quizá sea limitada, pero el hecho de que sea un trabajo lo hace muy valioso.

El mundo no se mueve sólo gracias a los poderosos músculos de nuestros héroes, sino también gracias al conjunto de los pequeños impulsos de cada trabajador honesto. El secreto del verdadero amor al trabajo es la esperanza de triunfar en esa labor, no por la recompensa en dinero, no por el tiempo invertido o por la habilidad ejercida, sino por el orgullo y la satis-

facción en el desempeño del trabajo mismo.

Una recompensa suficiente por algo bien hecho es haberlo llevado a cabo.

Nunca jamás volveré a desempeñar ninguna tarea si no es en la mejor forma en que pueda hacerlo.

De ahora en adelante, cuando haya terminado mi día de trabajo, sorprenderé al mundo. Permaneceré allí un poco más y dejaré que ese esfuerzo adicional sea una inversión para mi futuro. Con una actitud así, tan rara en este egoísta mundo en que vivimos, no puedo fracasar.

No obstante, si trabajo de esa manera, si persisto en recorrer ese kilómetro adicional, debo prepararme para las burlas de quienes nunca contribuyen con un día de trabajo justo. Con objeto de lograr alguna cosa grandiosa en esta breve vida, me doy cuenta de que debo dedicarme al trabajo con tal concentración de mi mente, de mis músculos y de mi tiempo que, para todos aquellos que viven la escualidez del ocio, pueda parecerles que he perdido la razón. Que así sea.

Nunca jamás volveré a desempeñar ninguna tarea si no es en la mejor forma en que pueda hacerlo.

Si me dan amor y trabajo, sólo esas dos cosas, podré vivir una vida satisfactoria.

Yo no podría, por mucho tiempo, ser feliz sin alimento, bebida, comida, ropa o abrigo, pero puedo tener todas esas cosas hasta la saciedad y aun así ser infeliz. ¿Qué es lo mejor para un río? Seguir corriendo; si se detiene, se estanca. Lo mejor para mí es aquello que mantiene mi flujo en movimiento. Muy pocas personas se dan cuenta de lo mucho que su felicidad depende de su trabajo, del hecho de que se mantienen ocupadas y no disponen de tiempo para condolerse de sí mismas. Yo no soy nada sin mi trabajo. El secreto primordial de la felicidad es tener algo qué hacer.

Nunca jamás volveré a desempeñar ninguna tarea si no es en la mejor forma en que pueda hacerlo.

Jamás volveré a dejar de recorrer ese kilómetro adicional o de rendir menos de lo que merece mi paga.

De ahora en adelante desempeñaré mi trabajo con toda la intensidad que pueda dedicarle… no sólo mi trabajo y nada más, sino un poco más, ese poco más que con el tiempo valdrá todo el resto. Y si sufro, como a menudo me sucederá, y si dudo del valor de mis esfuerzos, como en ocasiones lo haré, aun así seguiré desempeñando mi trabajo. Pondré en ello todo mi corazón y el cielo se despejará, y desde el fondo mismo de la duda y el sufrimiento nacerá la suprema alegría de la vida.

Espero obedecer siempre esta promesa especial de éxito.

Nunca jamás volveré a desempeñar ninguna tarea si no es en la mejor forma en que pueda hacerlo.

Séptimo compromiso del éxito

He dispersado mis esfuerzos en tantas direcciones.

He desperdiciado tantas estaciones corriendo de un arco iris al siguiente.

He pasado incontables años introduciendo cubos vacíos en pozos secos.

Seguía albergando la esperanza de que el éxito, la felicidad y la riqueza algún día serían míos.

Esperé en vano. Sin el milagro de estos pergaminos, quizá habría seguido esperando eternamente. ¡Qué triste! Al recorrer la calle de poco a poco, a la larga se llega a la casa de jamás.

Ahora todo eso ha quedado atrás.

Ahora comprendo por qué el éxito me ha esquivado. La persona que perpetuamente titubea pensando cuál de dos cosas hará, acaba por no hacer ninguna. Si yo vacilo de un plan a otro y constantemente me inclino en la dirección del viento, como lo hacen los lirios, dirigiéndome hacia todos los puntos que señala la brújula, jamás lograré nada grandioso o útil.

Quienes se concentran en una sola cosa a la vez son los únicos que progresan en este mundo. El hombre o la mujer superior es el que nunca se aparta de su especialidad, ni disipa tontamente su individualidad. Ahora ya conozco el mayor secreto que siempre estuvo delante de mis ojos, pero yo era demasiado ciego para verlo.

Siempre pondré todo mi ser en la tarea que tenga entre manos.

La inmensa diferencia entre quienes triunfan y quienes fracasan no consiste en la cantidad de trabajo que desempeña cada uno de ellos, sino en la cantidad de trabajo inteligente. Muchos de los que fracasan de la manera más ignominiosa hacen lo suficiente para alcanzar un gran éxito, pero trabajan al azar en cualquier cosa que se les asigna, construyendo con una mano para derribar con la otra. No aprovechan las circunstancias, convirtiéndolas en oportunidades. No poseen ninguna facultad para cambiar las honestas derrotas en reveladoras victorias. Contando con la capacidad suficiente y disponiendo de amplio tiempo, que son los principales ingredientes del éxito, se encuentran siempre impulsando de un lado a otro una lanzadera vacía y jamás llegan a entretejer la verdadera trama de su vida.

Jamás volveré a poner únicamente las manos en mi trabajo, cuando debería dedicarle todo mi ser. Al fin he abierto los ojos. De ahora en adelante haré todo como si en todo el mundo no hubiese otra cosa más importante.

La creación de miles de bosques está en una sola bellota.

La concentración y la perseverancia construyeron las grandes pirámides en las planicies de Egipto.

El maestro de un solo oficio puede sostener a una familia; el maestro de siete oficios no puede sostenerse a sí mismo. El viento nunca sopla para el navegante que no sabe hacia qué puerto se dirige. Ahora ya sé hacia dónde quiero ir y cómo llegar a mi punto de destino.

Siempre pondré todo mi ser en la tarea que tenga entre manos.

Lo que nuestro mundo nos pide no es hacer muchas cosas con indiferencia, sino una sola en una forma su-

prema. Quien dispersa sus esfuerzos no puede esperar el éxito.

Si cortásemos en dos a una salamandra, la mitad del frente correría hacia adelante y la otra hacia atrás. Así es el progreso de quienes dividen sus propósitos. El éxito siempre se muestra celoso de las energías dispersas.

Estoy preparado para grandes cambios en mi vida. El mundo sabrá que he cambiado mi curso. ¡Qué poder tan inmenso sobre la vida es el que da tener metas directas! Mi voz, mis vestidos, mi apariencia, mis movimientos y mis gestos mismos cambiarán a medida que empiece a vivir mis días con un propósito.

¿Cómo es posible que yo, igual que muchos otros, haya podido permanecer ciego a esta gran verdad?

La persona que sabe hacer una cosa y la realiza mejor que cualquier otra aun cuando sólo se trate del arte de cultivar lentejas, recibe la corona que merece. Si cosecha las mejores lentejas por haber dedicado toda su energía a ese fin es un benefactor de la humanidad y se le recompensa como tal.

Siempre pondré todo mi ser en la tarea que tenga entre manos.

Decidiré cuáles serán mis metas y siempre las tendré presentes en mis pensamientos. Sólo encontramos aquello que buscamos con todo nuestro corazón. Si no busco nada en particular en la vida, sólo encontraré eso. La abeja no es el único insecto que visita a la rosa, pero sí es el único que se lleva la miel. No importa lo espléndidos que sean los materiales que hayamos entresacado de nuestros años de estudio y de los afanes de nuestra juventud. Si salimos a la vida sin ninguna idea bien definida de nuestro futuro trabajo podemos estar seguros de que no habrá ninguna circunstancia afortunada y accidental que convierta lo que hacemos en una imponente estructura de magníficas proporciones.

A menudo se nos indica que debemos apuntar muy alto en la vida, pero más bien deberíamos apuntar hacia un blanco en el cual podamos acertar. No basta con tener un propósito general. La flecha que se dispara con el arco no va por allí viendo a qué puede pegarle en su trayectoria, sino que vuela directa hacia el blanco.

La explosión ampliamente dispersada del trueno no produce los mismos resultados que un solo rayo concentrado.

Ahora sé que si aspiro a una meta meritoria, con firmeza y persistencia, dedicando a ello todos los poderes de mi mente no puedo fracasar. Si concentro los rayos del sol con ayuda de un espejo, incluso durante los días más fríos del invierno, podré encender fácilmente una hoguera.

Siempre pondré todo mi ser en la tarea que tenga entre manos.

La más débil de las criaturas vivientes, al concentrar sus poderes en un solo objeto, puede obtener buenos resultados, mientras que la más fuerte, al dispersar sus esfuerzos en muchas tareas, no podrá lograr nada. Las gotas de agua, al caer continuamente, perforan incluso las rocas más duras, pero el precipitado torrente corre apresurado sobre ellas con un espantoso bramido, sin dejar atrás ninguna huella.

Yo dejaré mis huellas. El mundo sabrá que he estado aquí.

Siempre pondré todo mi ser en la tarea que tenga entre manos.

Octavo compromiso del éxito

He sido tan ciego.

Ni una sola vez reconocí la oportunidad cuando se presentó en mi vida, porque siempre llegaba disfrazada de trabajo arduo.

Ni una sola vez pude ver la carroza dorada que me aguardaba para transportarme hacia una vida mejor, porque mis ojos siempre estaban llenos de lágrimas de autocompasión mientras vagaba por los caminos vecinales de la vida, sin destino alguno.

Mi visión ya no está obstaculizada por mi actitud, porque ésta se ha transformado.

Ahora comprendo que las oportunidades nunca se presentan delante de nosotros con su potencial para alcanzar la riqueza, el éxito o los honores pintados en ellas. Cada tarea que debo realizar deberá hacerse con mi mejor esfuerzo, de lo contrario corro el riesgo de que las mejores oportunidades de la vida se alejen de mí sin siquiera percibir el sonido de una campana de advertencia. Amanece un día, lo mismo que todos los demás días, y a lo largo de él florece una sola hora, igual que las demás horas, pero es posible que en ese día y en esa hora me enfrente a la oportunidad de toda una vida. Enfrentarse a cada tarea, sin importar lo difícil y humilde que sea, y hacerlo con valor y persistencia, es la única forma en que puedo estar seguro de aprovechar las máximas oportunidades cuando se presenten, ya sea que vengan anunciadas con fanfarrias o que, como de costumbre, se oculten debajo de un manto de polvo.

Mi antiguo yo, despreciando el trabajo de cada día y ventilando mis sentimientos de frustración con todos los que estaban cerca de mí, jamás habría sido capaz de sitiar a la oportunidad. Ahora, gracias a estos pergaminos, estoy reconstruyendo mi vida y de ahora en adelante marcharé siempre con la cabeza erguida buscando las oportunidades con la misma fiereza que el león hambriento busca algo qué comer.

Nunca jamás volveré a aguardar en espera de que la oportunidad se presente ante mí.

Le he vuelto la espalda al pasado. Ninguno de aquellos fracasos demorará mi nuevo paso hacia esa resplandeciente tierra de éxito y felicidad en donde pasaré el resto de mi vida. Ahora ya sé que si quiero cantar, siempre podré encontrar un cántico.

Ahora miro hacia atrás sólo para recordar. ¡En qué lamentable fracaso llegué a convertirme! Hay un viejo proverbio que dice: "Disfruta de lo poco que tienes mientras el necio va de cacería en busca de más". Eso era lo que yo creía y así actuaba en el pasado, pues ¿acaso no todos los proverbios dicen la verdad? ¡No! Estoy iniciando una vida y he invertido las palabras de ese proverbio, en la misma forma en que he alterado las acciones de mi vida pasada. Ahora ese proverbio reza: "¡Mientras el necio disfruta de lo poco que tiene, yo iré en busca de más!".

Nunca jamás volveré a aguardar en espera de que la oportunidad se presente ante mí.

En el transcurso de estas cuantas semanas ya he mejorado muchas cualidades de mi carácter, de manera que ahora me encuentro mejor equipado para reconocer las oportunidades y reclamar mi parte. También he desarraigado los malos hábitos que me refrenaban, mediante la repetición cotidiana de las palabras escritas en estos pergaminos, y esa reconstrucción apenas se ha iniciado. Permítanme empezar desde el punto en donde me encuentro, incluso cuando todavía conservo en mí algunas cualidades que a menudo me hacían despreciarme. Permítanme encargarme de ellas, una a la vez, recurriendo a la fortaleza que Dios me da para ayudarme a corregir mis debilidades. Por lo menos, estaré mejor que ahora si tengo el valor de extender el brazo para llegar a lo que está fuera de mi alcance y la fe suficiente para creer que puedo ser la persona que debería ser.

En el pasado permití tontamente que mis fracasos y mis lamentaciones me abrumaran a tal grado que siempre me veía obligado a viajar con la cabeza inclinada y la mirada fija en el suelo. Ahora que he arrojado a un lado mi pasada carga del pasado y que he alzado la mirada hacia dondequiera que dirijo mi vista, puedo ver las puertas abiertas que me dan la bienvenida a una vida mejor.

Nunca jamás volveré a aguardar en espera de que la oportunidad se presente ante mí.

Cada día, cuando anuncie mis metas, anotaré en primer lugar un recordatorio de que debo permanecer alerta a las oportunidades. Y cada mañana, al despertar, saldré al encuentro del nuevo día con una sonrisa, no importa cuáles sean las tareas desagradables que me aguarden. La oportunidad, como el amor, nunca se siente atraída por la melancolía y la desesperación. Ahora sé que todos los grandes triunfadores en la vida siempre se dedican a su trabajo con una sonrisa en los labios, aceptando las oportunidades y los cambios que surgen en esta vida mortal con sentido del humor y con buen ánimo, enfrentándose en la misma forma a las cosas difíciles y a las fáciles a medida que se presentan. Son todos esos hombres y mujeres sabios quienes siempre crean más oportunidades de las que encuentran.

¿Cómo es posible que yo haya podido vivir tantos años sin percibir la verdad que ahora es tan obvia para mí? ¿Por qué tantos de nosotros vemos que los momentos dorados en la corriente de la vida pasan apresurados a nuestro lado y lo único que podemos reconocer es la arena? ¿Por qué los ángeles

llegan a visitarnos y sólo nos enteramos de ello cuando ya se han ido?

Muchas veces las oportunidades son tan pequeñas que ni siquiera las vislumbramos, sin embargo, a menudo son las semillas de grandes empresas. Las oportunidades también se encuentran por todas partes, de manera que siempre debo tener mi anzuelo preparado. Cuando menos lo espere, quizá un gran pez pase nadando frente a él.

Nunca jamás volveré a aguardar en espera de que la oportunidad se presente ante mí.

Ya no soy la misma persona que era hace apenas unas cuantas semanas.

Las oportunidades jamás volverán a permanecer ocultas a mi vista.

Ya no me lamentaré desgarrando mis ropas y maldiciendo al mundo porque carezco de las cosas buenas de la vida. Todavía me siento descontento con mi suerte, pero ahora experimento un descontento que se yergue bajo la lluvia, mirando hacia el cielo en busca del firmamento azul y las estrellas. Hay dos clases de descontentos en este mundo: el que trabaja y el que se retuerce las manos. El primero obtiene lo que desea, mientras que el segundo pierde lo que posee. No existe cura alguna para el primero, como no sea el éxito, pero no existe ninguna cura para el segundo. Ahora sé quién soy. Me agrada la persona que soy. Te doy gracias por ello, Dios mío.

Ahora comprendo que la oportunidad no llama a ninguna puerta. Me responde sólo cuando yo llamo a su puerta. Lo haré a menudo y con fuerza.

Nunca jamás volveré a aguardar en espera de que la oportunidad se presente ante mí.

Noveno compromiso del éxito

He sido demasiado benévolo conmigo mismo.

He cerrado el libro de cada día con demasiada rapidez.

Nunca me he tomado el tiempo, antes de retirarme por la noche, para cotejar el costo de las cosas tanto buenas como malas que he atraído hacia mí durante el día.

Jamás me he atrevido a repasar, con valor y honestidad, mis pensamientos, palabras y acciones de un día, a fin de planear mejor el siguiente.

La verdad acerca del éxito y la forma de alcanzarlo nunca ha permanecido oculta de mi vista. Simplemente me he dejado atrapar a tal grado en la lucha por sobrevivir que no he logrado reconocerla.

Al final de cada día, había acabado con ese día.

Cualesquiera errores, fallas o accidentes que ensombrecieron mis horas, los apartaba de inmediato de mi mente con una excusa. "Mañana será un nuevo día", me prometía. "Quizá la vida se mostrará más benévola conmigo". ¡Estaba equivocado!

Al fin he podido enfocar mi visión. Ahora puedo ver que el mundo es un mercado en el cual todo está marcado con un precio fijo y debo cumplir con mis decisiones acerca de lo que compre con mi dinero, mi trabajo y mi ingenio, ya sea que se trate de riquezas, comodidades, fama, integridad o conocimientos. Jamás deberé actuar como un niño que, cuando ha comprado una cosa, se lamenta porque no posee otra. Puesto que los tratos diarios que hago con mi vida son difíciles de rescindir, permítanme asegurarme en el futuro de que estoy acumulando cosas de valor y permanentes a cambio de mi esfuerzo y del sudor de mi frente. La única forma de hacerlo con certeza es practicando un ejercicio especial, cada día, antes de entregarme al sueño.

Siempre examinaré, cada noche, mis hechos del día que toca a su fin.

Incluso lo peor de mis vicios y de mis hábitos se mitigará si cada día lo llamo a cuentas. ¡Qué alegría!, ¡qué bendito sueño vendrá siempre después de una inspección personal así!

Las preguntas surgen en mi mente ante la menor inspiración:

¿Qué debilidad he dominado el día de hoy?

¿A qué pasión me he opuesto?

¿A qué tentación me he resistido?

¿Qué virtud he adquirido?

Gracias a estos pergaminos, ya he empezado a recibir cada nuevo día con un plan, de manera que el buen camino que estoy recorriendo esté bien marcado. Ahora, al final del día, meditaré con sumo cuidado en los progresos y en los problemas de mi jornada, y este último hábito que recién he adquirido, creará en mi mente un diario del día de hoy y un libro de texto para el día de mañana.

Siempre examinaré, cada noche, mis hechos del día que toca a su fin.

Por la noche, tan pronto como haya extinguido mi vela, repasaré las palabras y las acciones de todas y cada una de las horas del día, no permitiendo que nada escape de mi examen, puesto que ¿por qué debería temer el espéctaculo de mis errores, cuando tengo el poder de amonestarme y de perdonarme?

Tal vez actué de una manera demasiado cortante durante cierta disputa. Muy bien pude abstenerme de expresar mi opinión, pues fue hiriente y no hizo ningún bien. Lo que dije era verdad, pero las verdades no siempre deben pronunciarse. Debí refrenar mi lengua, puesto que no vale la pena discutir con las personas necias o con nuestros superiores. Actué mal, pero no lo volveré a hacer.

Experiencia es el nombre que la humanidad siempre les ha asignado a sus extravagancias o a sus pesares. Pero las cosas no tienen por qué ser así. Las lecciones del día de hoy pueden convetirse en los cimientos del mañana para llevar una vida mejor, siempre y cuando yo tenga la voluntad de aprender algo de ellas, y la tengo.

Siempre examinaré, cada noche, mis hechos del día que toca a su fin.

Permítanme repasar mis acciones, permítanme observarme tal como lo haría mi peor enemigo, y así me convertiré en mi mejor amigo. Empezaré, justo en este momento, a convertirme en la persona que seré de aquí en adelante. Quizá descienda a la oscuridad, pero no nublará mis ojos antes de que haya repasado, plenamente, todos los acontecimientos de mi día.

¿Qué dejé sin hacer, que debía haber realizado?

¿Qué hice, que podía haber hecho mejor?

Una de las mayores alegrías que todavía no hemos descubierto de esta vida se deriva de hacer todo lo que intentamos hasta el máximo de nuestras capacidades. Se experimenta un sentimiento muy especial de satisfacción, cierto orgullo al inspeccionar un trabajo así, bien terminado, completo, preciso, consumado en todas sus partes, que jamás podrá conocer la persona superficial que deja su tarea terminada a medias, en una condición descuidada y desordenada. La terminación completa es lo que convierte a cualquier trabajo en una obra de arte. La tarea más insignificante, bien hecha, se convierte en un milagro de logro.

El trabajo del día de hoy se verá superado por el que realice el día de mañana; no puede ser de otra manera. La superación siempre viene detrás del examen y el repaso. Todos deberíamos ser más sabios el día de hoy que el de ayer.

Siempre examinaré, cada noche, mis hechos del día que toca a su fin.

¿Sobreviví este día sin compadecerme de mí?

¿Le di la bienvenida a la nueva alborada teniendo en las manos un esquema y una meta?

¿Fui amable y bondadoso con todas las personas con quienes me encontré?

¿Traté de recorrer ese kilómetro adicional?

¿Estuve alerta en busca de oportunidades?

¿Traté de encontrar lo bueno en todos y cada uno de los problemas?

¿Sonreí frente a los rostros llenos de cólera y odio?

¿Concentré mis fuerzas y mis propósitos?

¿Qué puede haber más provechoso que este repaso cotidiano de mi vida, de manera que pueda vivirla con orgullo y satisfacción?

Jamás volveré a terminar mi día cuando el sol se pone. Todavía me falta un acto más que debo realizar.

Siempre examinaré, cada noche, mis hechos del día que toca a su fin.

Compromiso final

Ofrezco...

Juro...

Prometo... no olvidarme jamás de que el mayor talento que Dios me ha conferido es el poder de orar. A través del triunfo y la desesperación, del amor y la abrumadora angustia, del éxtasis y el dolor, del aplauso y el rechazo, del éxito y el fracaso, siempre puedo encender la lámpara de la fe en lo más profundo de mi corazón, con ayuda de una plegaria, y esa luz me guiará a salvo a través de las brumas de la duda, de la tenebrosa oscuridad de la ineficacia, de los angostos y espinosos senderos de la enfermedad y la pesadumbre, ayudándome a cruzar los traicioneros lugares en donde se encuentra la tentación.

Ahora sé que Dios sólo escuchará lo que le diga mi corazón.

Por la mañana la oración es la llave que me abrirá las puertas del tesoro en donde se guardan las bendiciones de Dios, y por la noche es la llave que me coloca bajo Su protección.

En tanto que sea posible orar, siempre habrá esperanza y valor. Sin la plegaria puedo lograr muy pocas cosas; con ella, todas las cosas son posibles. Dejaré que esta décima y última promesa me guíe siempre para gobernar mi vida:

Siempre me mantendré en contacto con mi Creador, a través de la oración.

Mientras menos sean las palabras, mejor será la oración.

Entre mis plegarias siempre pronunciaré estas sencillas palabras:

Plegaria a un amigo invisible

Mi amigo especial, te doy las gracias por escucharme. Tú sabes lo mucho que me estoy esforzando por cumplir con la fe que Tú has depositado en mí.

También te doy las gracias por el lugar en donde habito. Nunca permitas que ni el trabajo ni el juego, no importa lo satisfactorios o lo gloriosos que sean, alguna vez lleguen a separarme del amor que mantiene unida a mi valiosa familia.

Enséñame la forma de jugar el juego de la vida con justicia, valor, fortaleza y confianza.

Proporcióname algunos amigos que me comprendan y que a pesar de todo sigan dándome su amistad.

Concédeme un corazón que sepa perdonar y una mente que no tenga miedo de viajar, aun cuando la senda no esté marcada.

Concédeme un poco de sentido del humor y unos cuantos ratos de ocio en los que no tenga nada qué hacer.

Ayúdame a esforzarme para alcanzar la suprema recompensa legítima del mérito, la ambición y la oportunidad, sin embargo, nunca permitas que me olvide de tenderles una compasiva mano de ayuda a todos aquellos que necesitan aliento y ayuda.

Concédeme la fortaleza necesaria para enfrentarme a lo que venga, para que pueda ser valeroso frente al peligro, constante en la tribulación, templado en la cólera, y que siempre esté preparado para cualquier cambio de fortuna.

Permíteme mostrar una sonrisa en vez de un entrecejo fruncido, pronunciar una palabra amable de aliento en vez de frases duras y amargas.

Concédeme que sea compasivo con el dolor de los demás, comprendiendo que hay desdichas ocultas en todas las vidas, sin importar lo elevadas que sean.

Consérvame siempre sereno en todas y cada una de las actividades de la vida, ni indebidamente jactancioso ni entregado al pecado más grave del menosprecio hacia mí mismo.

En el dolor, que mi alma se eleve con el pensamiento de que si no hubiese sombras, tampoco habría rayos de sol.

En el fracaso, consérvame la fe.

En el éxito, haz que siga siendo humilde.

Haz que sea juicioso para desempeñar mi cuota completa de trabajo, y todavía más, tan bien como pueda hacerlo y una vez que haya terminado, deténme, págame el salario que sea Tu voluntad y permíteme decir, desde el fondo de un corazón amante, un agradecido amén.

ESTA EDICIÓN SE TERMINÓ DE IMPRIMIR
EL 10 DE OCTUBRE DEL 2001 EN EL TALLER DE
CONSORCIO DIGITAL, S.A. DE C.V.
2A. CERRADA DE AGUJAS NO. 18
COL. VERGEL MÉXICO
C.P. 09880 MÉXICO, D.F.